강가에 사는 고라니

지은이 황헌만은 1948년 서울에서 태어났습니다. 소년잡지『어깨동무』와『소년중앙』에서 사진기자로 일했습니다.
현재 사진 작업실 'M2'를 운영하며, 사라져 가는 우리 것들을 사진으로 기록하는 작업을 하고 있습니다.
사진집으로『장승』『초가』『조선땅 마을지킴이』『한국의 세시풍속』『도산서원』『옹기』『하회마을』『임진강』등이 있고
사진 동화로『민들레의 꿈』『민들레 일기』『내 이름은 민들레』『아주 작은 생명 이야기』『섬서구메뚜기의 모험』
『날아라, 재두루미』『춤추는 저어새』『강가에 사는 고라니』『독수리의 겨울나기』『노랑발 쇠백로 가족』등이 있습니다.

강가에 사는 고라니
ⓒ 황헌만 2012

글·사진 | 황헌만
펴낸이 | 김서영 펴낸곳 | 토마토하우스
등록 | 2005년 8월 4일 (제406-2005-000027호)
주소 | 413-756 경기도 파주시 광인사길 37
전화 | 031-955-2012 팩스 | 031-955-2089
홈페이지 | www.sonyunhangil.co.kr 블로그 | hangilsa.tistory.com
전자우편 | sonyunhangil@hangilsa.co.kr

1판 1쇄 펴낸날 2012년 2월 27일
1판 2쇄 펴낸날 2014년 4월 10일

값 12,000원
ISBN 978-89-92313-03-7 73490

· 이 책은 저작권법에 따라 보호받는 저작물입니다. 이 책의 내용 일부 또는
  전부를 재사용하려면 반드시 저작권자와 출판사 양쪽의 허락을 받아야 합니다.
· 잘못 만들어진 책은 구입하신 서점에서 바꿔드립니다.

· 이 도서의 국립중앙도서관 출판시도서목록(CIP)은
  서지정보유통지원시스템 홈페이지(seoji.nl.go.kr)와
  국가자료공동목록시스템(www.nl.go.kr/kolisnet)에서 이용하실 수 있습니다.
  (CIP제어번호: CIP2012000578)

CHANGPO design group 031-955-2080

고라니는요~

사슴과에 속하는 동물로, 몸길이가 90cm 정도 되고
털 색깔이 여름에는 붉은 갈색, 가을에는 잿빛 갈색으로
바뀌는 것이 특징이에요. 또한 암수가 모두 뿔이 없고
송곳니는 밖으로 나와 있으며 5~6월경에 새끼를 낳지요.
늪이나 들판, 산기슭에서 홀로 사는 경우가 많지만
간혹 적은 수의 무리를 지어 살기도 합니다.
놀라면 마치 토끼처럼 뛰는 습성을 지닌 고라니는
주로 한국이나 중국의 만주 등지에서 산답니다.

강가에 사는 고라니

황헌만 글·사진

고라니가 살얼음 낀 강을 건넙니다. 강 건너편에 무엇이 있을지 늘 궁금했거든요.
그래서 얼음이 조금씩 녹기 시작하자 굳은 결심을 하고 길을 나선 것입니다.

'으, 차가워! 뼛속까지 얼어붙는 기분이야. 그래도 여기까지 왔는데 돌아갈 수는 없지.'

고라니는 강기슭에 이르자마자 추위를 떨쳐 내기 위해서 달리기 시작했어요.

달리다 보니 어느새 털도 뽀송뽀송 다 말랐습니다.

'어떻게 강을 건너왔지?'

뒤돌아보니 대단한 용기였습니다.

강 건너 벌판은 아주 넓고 평화로웠습니다.

고라니는 맛있는 풀도 실컷 뜯어 먹고 여기저기 뛰어다녔지요.

그렇게 며칠이 지났습니다.

날씨가 푸근해져서 벌판에 눈이 녹은 어느 날,
재두루미 두 마리가 벼 낟알을 먹고 있었습니다.
그 모습에 고라니는 문득 친구들 생각이 났어요.
'혼자 여기서 뭘 하고 있는 거야? 어서 돌아가자!'
고라니는 그길로 강가로 내달렸습니다.

강기슭에 다다른 고라니는 순간
멈칫했습니다. 썰물이 지나간 뒤어서
개펄이 넓게 펼쳐져 있었기 때문입니다.
망설이는 고라니의 모습에
개리들이 수군거리기 시작했습니다.

"어머, 겁쟁이인가 봐."
"그러게. 발이 네 개나 되면서 말이야."
고라니는 주춤주춤 내려왔다가
발이 자꾸 푹푹 빠지자 되돌아갔습니다.

'저 강을 건너야 하는데…….'
개리들의 비웃음 속에서 고라니는 내려왔다 올라가기를 거듭했습니다.

"과아, 과아! 고라니는 겁쟁이래요. 온종일 오르락내리락 왔다갔다
해가 지도록 밤이 되도록 망설이고만 있대요."
고라니는 개리들의 노랫소리에 정신이 번쩍 들었습니다.

'곧 해가 질 거야. 더는 미룰 수 없어.'

고라니는 모든 용기를 모아서 한 걸음씩 앞으로 나아갔습니다.

"오, 제법인데? 벌써 저만큼이나 갔어!"

비아냥대던 개리들이 감탄하며 바라보았습니다.

마침내 고라니는 강가에 도착했습니다.

개리와 천둥오리 들이 고라니를 유심히 지켜보고 있었습니다.

'강 건너는 일쯤이야, 식은 죽 먹기지!'
고라니는 주변의 시선을 가볍게 떨쳐 내고 유유히 물속에 들어갔습니다.

"뜬다, 뜬다! 와, 수영 잘하는데?"
개리와 천둥오리 들이 신기한 듯 쳐다보았습니다.

고라니는 옆도 뒤도 돌아보지 않고 앞으로만 부지런히 나아갔습니다.

차가운 물속이라 온몸이 꽁꽁 얼어붙는 것 같았지만

친구들을 다시 만날 생각을 하며 기운을 내었지요.

'드디어 해냈어! 이제 친구들을 만나러 가자!'
고래니는 스스로가 몹시 자랑스러워서 저절로 힘이 솟는 듯했습니다.

"애들아! 나야, 나!"

"너 어디에 있다가 이제 나타난 거야?"

"강 건너편에 갔었어."

"뭐라고? 엉뚱하긴. 우리가 얼마나 걱정하고 기다렸는데.

어쨌든 무사해서 다행이야!"

고라니는 친구들에게 이제까지 겪은 일들을 들려주었습니다.
친구들은 고라니의 모험담을 재미나게 듣고 또 궁금한 것을 묻기도 했어요.
그리고 따뜻한 봄이 되면 다 함께 강 건너편으로 놀러 가기로 했답니다.

어린이를 위한 사진 동화 시리즈

민들레 일기
이상교 글 · 황헌만 사진 | 48쪽 | 10,000원
2007 한국출판인회의 선정 이달의 책
강인한 민들레의 한해살이
바람과 햇빛을 친구로 둔 어느 민들레의 한해살이. 새싹이 살그머니 고개를 내밀 때 깨어난 민들레는 된서리를 맞아도 끝까지 견뎌 내고 씨앗을 맺습니다.

날아라, 재두루미
황헌만 글 · 사진 | 40쪽 | 12,000원
2010 고래가 숨 쉬는 도서관 우리나라 그림책
2011 아침독서 추천도서
새끼 재두루미의 가슴 뭉클한 성장담
텅 빈 들판에 남은 건 다리를 다친 새끼 재두루미의 가족뿐입니다. 새끼 재두루미는 거듭 날갯짓을 연습하고, 마침내 성공합니다.

민들레의 꿈
황헌만 글 · 사진 | 40쪽 | 10,000원
2007 문화관광부 우수교양도서
민들레가 곤충 친구들에게 들려주는 꿈
민들레는 자신의 꿈을 짓밟으려는 잎벌레의 공격을 막아 냅니다. 민들레에게 감동을 받은 섬서구메뚜기는 다른 곤충 친구들에게 민들레의 꿈을 들려줍니다.

춤추는 저어새
황헌만 글 · 사진 | 40쪽 | 12,000원
2011 고래가 숨 쉬는 도서관 올해의 그림책
춤을 추는 저어새의 아름다운 몸짓
누구보다 춤을 잘 추고 싶은 저어새는 백로 선생님을 찾아가 학춤을 배웁니다. 열심히 노력한 끝에 저어새도 우아한 학춤을 출 수 있게 되었습니다.

내 이름은 민들레
이규희 글 · 황헌만 사진 | 48쪽 | 12,000원
2007 학교도서관사서협의회 권장도서
우리 민들레에게 보내는 아름다운 응원
민들레는 흔한 꽃이지만 서양민들레가 아닌, 우리 민들레는 좀처럼 만나기 힘듭니다. 밀양과 제주도에서 찾은 우리 민들레의 모습이 담겨 있습니다.

강가에 사는 고라니
황헌만 글 · 사진 | 40쪽 | 12,000원
호기심 많은 고라니의 모험
드넓은 벌판에서 친구들과 평화로운 시간을 보내던 고라니는 문득 강 건너편이 궁금해졌습니다. 강가의 얼음이 녹기 시작한 어느 날, 고라니의 용감한 모험이 시작됩니다!

섬서구메뚜기의 모험
김병규 글 · 황헌만 사진 | 36쪽 | 10,000원
2009 고래가 숨 쉬는 도서관 올해의 그림책
아슬아슬, 섬서구메뚜기의 모험
섬서구메뚜기는 반짝거리는 그물 놀이터에서 놀다가, 그물의 주인인 거미에게 혼쭐이 납니다. 그리고 그제야 방아깨비 형의 충고를 들을걸 후회합니다.

독수리의 겨울나기
황헌만 글 · 사진 | 40쪽 | 12,000원
독수리들의 고된 겨울나기
독수리는 애써 구한 먹이를 까치와 까마귀에게 빼앗기고 맙니다. 겨울의 매서운 칼바람과 눈보라, 그리고 배고픔을 독수리들은 과연 어떻게 견뎌 낼까요?

아주 작은 생명 이야기
노정환 글 · 황헌만 사진 | 48쪽 | 12,000원
2009 문화관광부 우수교양도서
끊임없이 이어지는 작은 생명들
외따로 핀 민들레는 노린재 덕분에 씨앗을 날려 보냅니다. 어린 민들레와 노린재 애벌레는 온갖 어려움을 헤치고 스스로 살아갈 준비를 합니다.

노랑발 쇠백로 가족
황헌만 글 · 사진 | 44쪽 | 13,000원
쇠백로들의 사랑과 홀로서기
금실 좋은 쇠백로 부부에게 귀여운 새끼들이 태어납니다. 정겨운 한때도 잠시, 어느덧 새끼들을 떠나보낼 때가 찾아오고 유독 막내 쇠백로만이 홀로서기를 힘겨워합니다.